어머님의 아리랑

한 국 대 표
명 시 선
1 0 0

황 금 찬

어머님의 아리랑

시인생각

■ 시인의 말

어느 봄날 남국의 소식 같은 소식을 전해주고
두고 가기엔 아까운 사연, 피지 못하고 떨어진 안타까움
그것을 사랑으로 이 시집 속에 담아 본다.

몇 올 남지 않은 동아줄 끝을 잡고 있는
희미한 나의 존재를 하늘에 현주소를 옮겨 하늘 별들의
주소에 행복의 언어를 배달하고
땅에는 장미꽃밭을 만들어 더 곱고, 더 아름답게 보이고
더 크고, 아름다운 꽃을 한데 모아 하늘과 땅에 이 시집을
전하고 싶다.

이런 기회를 주선하고 시집을 엮고 책을 만들어 주신
몇 분에게 감사의 마음을 묶어 드리며 이 시집을 만들어
주시는

시인생각 사장님을 비롯하여
편집부에 진심으로 감사드립니다.

그분들에게 행운이 있기를 하나님께 빌겠습니다.

2013. 3.
황 금 찬

■ **차 례** ──────────── 어머님의 아리랑

시인의 말

1

보내놓고　13
광나루　14
나의 소망　16
그 하늘이 열리고　18
어머님의 아리랑　20
봄 편지　22
낙엽의 시　25
너의 창에 불이 꺼지고　26
오렌지 향기는 바람에 날리고　28
한강　30
옛날과 물푸레나무　32

한국대표명시선100 황 금 찬

2

옛 친구   37
말이 없다   38
별이 뜨는 강마을에   40
6월   42
소년에게   44
촛불   46
고향   48
행복과 불행 사이   50
등대지기   52
퇴근길에서   54

3

별을 캐는 아이 59
사랑하는 사람 60
심상 62
저 하늘 아래 64
산골 사람 66
별과 고기 68
출발을 위한 날개 70
돌아오지 않는 마음 72
어머니 74
산길 76

4

숲 속의 황혼　79

음악이 열리는 나무　80

소나무와 아버지　82

모국어와 한글　84

회초리　87

바느질하는 손　88

행복을 파는 가게　90

성화여 영원하라　92

다시 바다에　94

5

남태평양에 떠 있는 유언　97
한복　100
말의 일생　102
낡은 시집　104
꽃의 말　106
물방울　107
시인　108
그 사랑의 깊이는　110
시가 무엇이냐고　112
꽃과 천사　115

황금찬 연보　116

1

보내놓고

봄비 속에
너를 보낸다

쑥 순도 파아라니
비에 젖고

목매기송아지가
울며 오는데

멀리 돌아간 산 굽잇길
못 올 길처럼 슬픔이 일고

산비
구름 속에 조는 밤

길처럼 애달픈
꿈이 있었다.

광나루

찬란하여라
서울의 아침이여

심성이
세계의 문을 여는가
광진 하늘의
빛나는 태양이여

여기 우리는
보고 있거니
세계의 문이 열리고
백억의 눈들이
응시하는
아! 서울 서울이여

아차산성은
우리들의 자랑
역사로 끝남이 아니다
영원히 살아
내일을 꽃 피게 한다

광진구여
빛으로 영원하라
여기는
아침이 가고
밤이 오는 곳이 아니다
영원한 아침뿐이다.

나의 소망

정결한 마음으로
새해를 맞으리라
그렇게 맞이한 이해에는
남을 미워하지 않고
하늘같이 신뢰하며
욕심 없이 사랑하리라

소망은 갖는 사람에겐 복이 되고
버리는 사람에겐 화가 오느니
우리 모두 소망 안에서
살아갈 것이다

지혜로운 사람은
후회로운 삶을 살지 않는다
언제나 광명 안에서
남을 섬기는 이치를
배우며 살아간다

선한 도덕과
착한 윤리를 위하여
이해에는 최선을 다하리라

밝음과 맑음을
항상 생활 속에 두라
이것을 새해의 지표로 하리라.

그 하늘이 열리고

피아노 건반에
손을 얹어라
바람이 불고

누가 저 연주를 멎지 않는가
풀잎 같구나
조용한 구름

한때는
딜란 토마스가 걸어갔고
발이 고운 사람들은
춤을 추었지

시인이 구름 속에서
리듬을 찾아
비단을 펴듯이
시 낭송을 하네

저 찬란한 하늘
날개를 펴라
그의 이름은
빛나고 있으리

저 하늘 바다
비파는
눈물이 없는
울음이네.

비익조를 부르리
천 년을 울어도
소리 없는
아 하늘 새

이제 아침이다.
아직도 건반에
손을 풀지 말라
하늘 새야— .

어머님의 아리랑

함경북도 마천령, 용솟골
집이 있었다.
집이라 해도
십 분의 4는 집을 닮고
그 남은 6은 토굴이었다

어머님은
봄 산에 올라
참꽃(진달래)를 한 자루 따다 놓고
아침과 점심을 대신하여
왕기에 꽃을 담아 주었다

입술이 푸르도록 꽃을 먹어도
허기는 그대로 남아 있었다

이런 날에
어머님이
눈물로 부르던
조용한 아리랑

청천 하늘엔
별도 많고
우리네 살림엔
가난도 많지

아리랑 아리랑 아라리요
아리랑 고개를 넘어간다

산이 무너져 내리고 있었다
하늘은 울고

무산자 누구냐 탄식 말라
부귀와 영화는 돌고 돈다네

박꽃이 젖고 있다
구겨지며
어머님의 유산
아리랑.

봄 편지

봄을 기다림이
손끝에 닿았다기에
입춘 날 아침에
편지 한 통을 보내노라

바람 부는 사연은
다 묻어 두고
물오르는 가지에
터져 나오는
봄눈을
소중한 보석처럼 담아 드리노라

계곡에 얼음이 풀리고
흐르는 물소리
남국에서 편지에 담아
보내노라
하루 낮 하루의 밤을 지내며

사랑은
꽃 같은 마음에서 오고
인정은
향기에서 오느니
이 시대에
꽃과 향기가 되라

그리하여 사랑이 없는 마음에도
꽃이 피고
인정이 없는 이 들판에서
짙은 향기가 풍겨라
나는 봄을 기다리고 있다
봄 편지를
기다리고 있다

꽃 같은 마음을 기다리고
향기의 인정을
기다린다

이 지구촌에
행복을 실어오라
평화를 가져오라
미워하는 마음도
저주하는 마음도
사라지리라

나는 그날을
기다리고 있다.

낙엽의 시

거리의 낙엽이 발을 묻는다
그 낙엽을 밟으며 가고 있다
어디쯤에서 발을 멎을지
나는 그것을 모른다

여름을
잎, 그늘에서
노래하던 매미와 나비는
지금 어떻게 되었을까
비어가는 가지에 눈같이 쏟아지는
저 허무감

계절이 바뀌면
이 가지에 잎이 새로 피리라
종달새도 날고
두견도 밤을 새우리

다시 낙엽이
길을 메울 때
그때 나는 어디쯤 가고 있을까.

너의 창에 불이 꺼지고

너의 창에 불이 꺼지고
밤하늘의 별빛만
네 눈빛처럼 박혀 있구나

새벽녘
너의 창 앞을 지나치려면
언제나 애처롭게 들리던
너의 앓은 소리
그 소리도 이젠 들리지 않는다

그 어느 땐가
네가 건강할 날을 향유하였을 때
그 창 앞에는
마리아 칼라스가 부르는
'나비부인' 중의 어떤(개인 날)이
조용히 들리기도 했었다

네가 그 창 앞에서
마지막 품을 거둬갈 때
한 개의 유성이

긴 꼬리를 끌고
창 저쪽으로 흘러갔다.

다 잠든 밤
내 홀로 네 창 앞에 서서
네 이름을 불러본다.
애리야, 애리야, 애리야! 하고
부르는 소리만 들려올 뿐
대답이 없구나

네가 죽은 것은 아니다
진정 너의 창에 잠들었구나

네 창 앞에서
이런 생각을 해보나
모두 부질없구나.

오렌지 향기는 바람에 날리고

오렌지 향기는 바람에 날리고
석양은 먼 들녘에 내리네
염소의 무리는 이상한 수염을 흔들며
산을 내려오네

종을 울리네
황혼의 묏새들이
종소리를 따라
바람에 날리는 억새꽃같이
호숫가 숲으로 날아드네

머리에 가을꽃을 꽂은
소녀들이
언덕 위에 서서
노래를 부르네

오렌지 향기는 바람에 날리고
교회의 종소리는 우리들을 부르네
이 석양이 지나면

또다시 우리들은
아침을 맞네

오렌지 향기는 바람에 지고
촛불 위에 눈이 내리네
눈 위에 순록의 썰매는 달리고,
그리하여 우리들도
어제의 소녀가 아니고
오렌지 향수가 하늘에 지듯
우리들의 향기도 지리

종이 울리네
숲 속에서 새들이 무상을 이야기하네
오렌지 향기는 바람에 날리고
소년들은 노래를 부르네.

한강

이 민족의 역사보다도 더 긴 강
한강아!
천년 다시 천년을
이 하늘 강 언덕에 계절은
어머니의 자장가
사랑과 의지의 꽃잎으로
흘러갔다

사랑의 하늘이 열리던 날
저 고구려
신라
백제의 젊은 가슴들이
이 강물에 몸을 씻고
의지의 손을 잡던
아! 사랑의 강

한때는 고구려 나무꾼과
신라의 직녀가 사랑의 비단으로
서로의 목을 감고
이별이 없으리라고 빌었건만

그래도 7월 7석은 찾아와
오작교를 허물었으니

이 창창한 물결 위에
평화의 새 나라를
꽃잎처럼 뜨게 하라

오! 우리들의 강아.

옛날과 물푸레나무

이제는 옛날, 그보다도 먼
내 어린 시절
누리동 하늘 숲 속에
외딴 초막이
내가 살던 옛집이다

그 집 굴뚝머리에
몇십 년이나, 아니 한 백 년
자랐을까
큰 물푸레나무가 있었다

바람이 불며, 비가 올 때면
나뭇잎 쓸리는 소리와
비 듣는 가락이
흡사 거문고 소리 같아서
우리는 그 나무를 풍악나무라고 했다

늦여름이나 장마철이 되면
낮은 구름이 자주 그 나무 위에
내려앉곤 했다

물푸레나무는 덕이 많고
그래서 어진 나무다.

어린이 새끼손가락보다 가는
물푸레나무는 훈장 고 선생님의 손에 들려
사랑의 회초리가 되기도 하고
아버지 농기구의 자루가 되어
풍년을 짓기도 했다

'화열이'가 호랑이 잡을 때 쓴
서릿발 같은 창 자루도 물푸레나무였고
어머님의 땀으로 끌던 발구도
역시 그 나무였다

물푸레나무
굳센 듯 휘어지고
휘어져도 꺾이지 않고 다시 서는
어느 충신과 효도의 정신이며
성현의 사랑이다
나에게 이 물푸레나무의 이름을

다시 지으라고 한다면
나는 성현목이라고
이름하리라
물푸레나무—

2

옛 친구

한 잔의 다모토리
꿈꾸던 날의 호수
무성영화
추억의 필름
인정의 낚시를 호수에 던져
세월을 낚는다
풀각씨를 안고
수영을 깨물면
입안 가득히 차오르던
비 오는 날의 구름
그들은 지금 어디에 있을까?
'옥분' '금화'
꽃잎엔
무덤이 없다
낙엽의 무덤은 또 어디에 있을까
다모토리는
역사의 강물인데……

말이 없다

소녀는
말하지 않고
천년을
웃고만 있는
꽃을 사랑한다.

새는 울지 않고
풀잎에 앉아
태양이 가는 소리를 듣고 있다

구름 바람을 밟지 않고
옷깃을
머리카락으로
누비고 있다

별이 흐르는 소리
달이 가는 발소리도
강물소리와
파도소리만큼
크고

우람하다

소녀는
말이 없다.

별이 뜨는 강마을에

여기 강이 있었다
우리들의 국토 이 땅에
이름하여 북한강이라 했다.
태양이 문을 열었고
달이 지곤 했다
하늘 꽃들이 강물 위에 피어나
아름다운 고장이라 했다
신화의 풀잎들이 문을 열기 전
지혜의 구름을 타고 선인先人들이
바람처럼 찾아와 보석의 뿌리를 내리고
백조의 이웃이 되었다
칼날의 날개를 단 흉조들은
사악한 터전이라 버리고 강마을을 떠났다
비단의 무지갯빛 다리를 세우고
너와 나는 우리가 되어
내일 저 하늘에 무리별로 남으리라.
강은 역사의 거울이다.
패수에 담겨있는 고구려를 보았다.
금강에서 백제의 나뭇잎들은
시들지 않는 깃발이었지

신라의 옷깃이 저 낙동강에 지금도 휘날리고
한강엔 임진왜란과 병자호란의 그 참화가
시들지 않고 거울 속에 떠 있다.
북한강 백조의 날개와 하나가 된 우리들의
행복한 삶터, 사랑하라. 우리들의 내일은
영원히 빛날 것이다.

6월

6월은
녹색 분말을 뿌리며
하늘 날개를 타고 왔느니

맑은 아침
뜰 앞에 날아와 앉은
산새 한 마리
낭랑한 목청이
신록에 젖었다

허공으로
날개 치듯 뿜어 올리는 분수
풀잎에 맺힌 물방울에서도
6월의 하늘은 본다

신록은
꽃보다 아름다워라
마음에 하늘을 담고
푸름의 파도를 걷는다.

창을 열며
6월은 액자 속의 그림이 돼
벽 저만한 위치에
바람 없이 걸려 있다

지금 이 하늘에
6월이 가져온
한 폭의 풍경화를
나는 이만 한 거리에서
바라보고 있다.

소년에게

소년아
너는 내 가슴에
하늘같은 행복으로 앉아 있구나

네가 노래를 부르면
바다 속 산호의 숲까지도
일어서서 춤을 추고 있다

그러나 소년아
구름까지도 몸살 하는 그런 노래를 부르면
저 사막에 핀 빈 시의 꽃도 울고 있다

꿈꾸고 있어라
네가 꿈꾸고 있을 때
풀잎 위의 나비도 꿈꾸고 있다

소년아
나는 너로 인해
사랑을 알았고 슬픔도 알았다네

소년아
네 이름은 행복이다
네 이름은 사랑이다
희망이다

우주의 질서이다
내일의 생명이다
소년아……

촛불

촛불!
심지에 불을 붙이면
그때부터 종말을 향해
출발하는 것이다

어두움을 밀어내는
그 연약한 저항
누구의 정신을 배운
조용한 희생일까

존재할 때
이미 마련되어 있는
시간의 국한을
모르고 있어
운명이다

한정된 시간을
불태워 가도
슬퍼하지 않고

순간을 꽃으로 향유하며
춤추는 불꽃……

고향

고향 하늘은
어머님의 기침소리
그 어머니 곁엔
눈물이 가득한
자식이 있어야 한다
떠나지 말거라

강원도 양양군 도천면 논산리 45
지금의 속초시 논산동이다

나는 거기서 첫 울음을 울었다고
어머님이 가꾸시던 미나리 밭엔
나비 몇 마리가 날고 있었다

어려서 고향을 떠나
지금까지 객향에서 산다
어머님의 숨소리도 지키지 못하고
이 길은 섬기는 길이 아니다

바람은 따라
구름을 따라
고향의 소식이 들려올 때
바다의 귀를 열고

5월 소나무에 순이 솟기를 가다리지만
장미의 소식은
멀기만 했다.
산에 불이 일어
어린 노루들이 울고

큰불이 마을을 휩쓸었다는 소문
바람은 잠들지 않고
세기의 칼날을
던지고 있다고
어머님의 기침은 멎지 않았다.
고향 마을에 평화의 새가 날아와
사랑의 종은 언제 울리려나.

행복과 불행 사이

길은
모든 길은
행복과 불행 사이로 나 있었다
나는 그 길은 가고 있다

바람이 파도를 일으킨다
내 배는
그 물결 위로 가고 있다

그네를 타고
잎으로 치솟았다간
다시 뒤로 물러선다
정지되면
행복도 불행도 아니다

삶이란
흔들의자에 앉는 것이다
앉는 순간부터
흔들리는 의자

지혜와 의지로 어느 지점에다
그네나 의자를 잠시 더
머무르게 할 수 있다

흔들의자에 앉기까지는
신이 할 일이다
그다음은
존재자의 철학이다.

등대지기

등대지기는 바다의 난초
열 길 벼랑 안개 속에 피어 있는
석란

밤이면 등대에 불을 밝히고
비가 오는 낮
안개 덮인 때

긴 고동을 울리며
배들이 무사히
귀향하기를 마음으로 빈다

풍랑이 심한 날 바위에 서서
흘러간 난파선들의 추억을
더듬어 본다
석란 잎에 서리는 이슬

열 길 박토에 뿌리를 걸고
해풍에 말리며

변변한 날 없이
그대로 시들어 가는
석란이라 하자

일 년에 한두 번씩
낯모를 사람들이
찾아왔다 돌아간다
가물거리는 돛대 끝에
그리움은 칼날

육지의 계절은
도적이다
마지막 잎이 지고 나면
바다에 눈이 온다

바위 위의 촛불이 흔들리듯이
바다의 난초는
눈 속에 묻힌다.

퇴근길에서

퇴근길에서 만난 사람은
바다를 건너온 바람
그런 바람의 모습을 하고 있었다

말이 없고
약간은 간간한 그런 소금기
바다 냄새가 가늘게 가늘게
풍겨오고 있었다

잠시 쉴 자리를 권하고
그 빈 옆자리에 앉아
지금 막 산을 내려온
나뭇잎, 풀잎,
천년 바위들의 대화를
전설의 표주박에 담아본다

기울어진 물통에서
쏟아지는 시간이
자정의 계곡을 향하여 흐르고

모든 날개들은
언제부턴가 마멸되어 가고 있었다

이런 때 내게는
날개가 솟아야 한다.
두 팔을 가볍게 들어올려
은빛 눈부신 비늘
그런 조각으로 생긴 날개
금속성이 아니라고 피곤하지 않아라

홍수에 떠다니던 노아의 배는
어느 산에 멎을까
그리고 누가 부는 피리에
방주의 문이 열릴꼬
살이 살아나는 풀이며
뼈가 살아나는 나무와
피를 다시 돌아가게 하는 물은

어디에 있는가
돌아가야 할 고향은

정오에 잠든 자연인가
문명의 강물인가?
석양 길에 섰다.

3

별을 캐는 아이

밤마다 어머니가 오시어
허공에 사랑의 사닥다리를 세우신다
그 사닥다리를 밟고 나는 별 밭으로 간다
우리들의 하늘에는 한 개의 별도 없고
어둠만이 있었다
별나라 가서 몇 개의 별을 따다가
별이 없는 우리 하늘에 옮겨 심으리라
비로소 별이 없던 우리 하늘에도
별이 빛나게 되리라
그날을 위해 나는 이 밤 위해
나는 이 밤에도 별 밭으로 간다.

사랑하는 사람

사랑하는
사람아

여름비는 믿을 수가 없다
봉숭아꽃이 울고
꽃잎으로
손톱에 물들이던
누님이 울었다

이제 또 누가 울까
매미는 우는 것일까
노래하고 있을 것이다

사랑하는
사람아

네가 울면
바다

네가 웃으면
하늘

여름비 속에
네가 있고
네 안에 (카덴차)

심상

욕구 불만으로 우는 놈을
매를 쳐 보내고 나면
나뭇가지에서 노래하는 새 소리도
모두 그놈의 울음소리 같다

연필 한 자루 값은 4원
공책은 3원
7원이 없는 아버지는
종이에 그린 호랑이가 된다

옛날의 내가
월사금 4십 전을 못 냈다고
보통학교에서 쫓겨 오면
말없이 우시던
어머님의 눈물이 생각난다

그런 날
거리에서 친구를 만나도
반갑지 않다

수신강화 같은 대화를 귓등으로 흘리고 돌아오면

울고 갔던 그놈이 잠들어 있다
잠든 놈의 손을 만져 본다
손톱 밑에 때가 까맣다

가난한 아버지는
종이에 그린 호랑이
보릿고개에서
울음 우는
아버지는 종이호랑이

밀림으로 가라
아프리카로 가라
산중에서 군주가 되라
아! 종이호랑이여.

저 하늘 아래

고향은
백 년을 두고 물어도
영원한 모정이라고 하리라

빼앗긴 것이 아니라
두고 온 고원이라 일러두라
천애의 땅이 되지 않고
언젠가는 갈 수 있는 향관이라고
묻거든 대답하라

그리움이 사무치면
잠들어도 눈감지 못하고
또 하나의 실향민들의 은하수
밤하늘의 별이 되어
강물로 흐르네

아! 이웃이여, 벗들이여
아침 창 앞에 낯설은 새 한 마리
날아와 울거든

남기고 온 정든 마을의 슬픈 소식이라
전해주고

그날 문을 열고 서시어
잘 다녀오라 하시던
눈물에 젖은 어머님의 음성
다시 들을 수 있으려나

구름으로 가교를 엮고
나비의 날개로 날으리라
눈썹 끝에 열리는 내 조국의 땅인데
산을 하나 넘어도 아득한 지평선
하늘이여 말해 달라

여기 풀잎 같은 마음을 모아
불망의 정을 기리고자 하늘에
비를 세우노라, 저믄 해가 여울로 흘러도
하늘의 비석은 이곳에 남게 하라.

산골 사람

그는 물소리만 듣고
자랐다
그래, 귀가 맑다

그는 구름만 보고
자랐다
그래, 눈이 선하다

그는 잎새와 꽃을 이웃으로 하고
자랐다
그래, 손이 곱다

어머니와
아버지의 평범한 가르침
선하고 착하게 살아라
네가 그렇게 살기를
우리는 바라고 있다

나는 충성과 효도를 모른다

다만 어머니와
아버지의 말씀을
잊지 못하고
살아갈 뿐이다

오늘 내가 남길 교훈은
무엇일까
나도 평범한 애비여서
선하고
착하게 살아라

사랑하는 아들아, 딸들아
이 말밖엔
할 말이 따로 없다.

별과 고기

밤에 눈을 뜬다
그리고 호수 위에
내려앉는다

물고기들이
입을 열고
별을 주워 먹는다

너는 신기한 구슬
고기 배를 뚫고 나와
그 자리에 떠 있다

별을 먹은 고기들은
영광에 취하여
구름을 보고 있다

별이 뜨는 밤이면
밤마다 같은 자리에
내려앉는다

밤마다 고기는 별은 주워 먹지만
별은 고기 뱃속에 있지 않고
먼 하늘이 떠 있다.

출발을 위한 날개

선구자의 길은 험하고
또한 가난하다
하지만, 언제나 광명을 찾고
길을 열어 현재를 미래로
날아오르게 한다

어둠 안에서 빛은 하늘이 되고
불의와 비정 안에서 선은
향기로운 장미의 꽃이 된다
이성의 칼날은
집 속에 숨어 있지 않고
바른 판단을 생명으로 하고 있다

우리가 바라는 내일의 소망은
더 크고 더 넓다
어제도 정의롭고
오늘도 의가 아닌 길은 가지 않지만
내일은 사랑으로 이루는 바다
그 바다 위에 구원의 배를 띄우라

이 일을 우리는 바라고 있느니

열매 없는 잎만 무성한
나무뿌리에 도끼를 놓았다고
예언하라
저 나단의 입을 열어
하늘은 언제나 푸르라고
그렇게 일러야 하고

이 땅의 올바른 지혜들을 위하여
다윗의 가락을 빌어
노래하여야 한다
선구자의 길은 좁고 험하지만
그 길에 하늘의 광명이 있느니
그것을 선택하는 이 시대의
빛나는 양심이 되자.

돌아오지 않는 마음

이웃이
봄볕같이
마음의 담을 헐었다

꽃잎을 실에 매어
지연같이 날렸더니
구름 위에 솟은
마을 성머리에 걸려
돌이 되고 말았다

십 년
다시 백 년에
돌아오지 못하는
꽃잎의 전설

문을 열어놓고
한나절 또 한나절
새 한 마리 날아오지 않는
빈 뜰

돌아오지 않는
마음자리에
미움의 나무에
열매가 연다.

어머니

사랑하는 아들아!
내가 네게 일러주는 말은
잊지 말고 자라나거라

네 음성은
언제나 물소리를 닮아라
허공을 나는 새에게
돌을 던지지 말아라

칼이나 창을 가까이하지 말고
욕심을 멀리하라

꽃이나 풀은
서로 미워하지 않고
한 자리에 열리는
예지의 포도나무

강물은 멎지 않고 흐르면서
따라오라

따라오라고 한다

하늘을 바라보며
강물같이 흘러
바다처럼 살아라

포도송이에
별이 숨듯……
바닷속에 떠 있는
솜같이 살아라 하셨다
어머님이……

산길

산길은 꿈을 꾸고 있네
아름드리나무 뒤로 숨고
뻐꾹새는
한낮을 울어 골을 메우고 있네

긴 사연이
영마루를 넘어갔다
기다리는 마음이
산길이 되네

산길은 꿈을 꾸고 있네
진종일 혼자서
꿈을 꾸었네—

4

숲 속의 황혼

하루가 저무는 숲 속에
발을 멈추고 섰다
소란한 계곡에서
새 한 마리가 날아와
내 머리에 앉는다
청자 빛 부리로 내 머리카락
물어 당긴다
새가 물었다 놓은 머리카락은
가을 구름으로 변해 가고 있다.

음악이 열리는 나무

어느 하늘 밑에
음악이 열리는 나무가 있다는 말을
들은 지 65년 전
32개의 하늘을 돌며
그 나무를 찾았으나
내 앞에 서주지 않았다.
지중해, 발트해협,
태평양 인도의 바다까지
돌았으나
그 나무는 못 찾고 있었다.
어느 날 내 고향 바다
물결 속에서
구름 같은 지휘봉을 들고
내 앞에 서는 것이다. (그 나무가)
<카덴차>
나무 밑에 서서
원하는 곡명을 부르면
바람이 무지개를 몰고 오면서
원하는 음악이 들려오기 시작한다.
나는 제일 먼저

베토벤의 교향곡 6번 F장조
전원을 말했다.
꿈속같이 들려왔다.
이번에는 파가니니의 바이올린 협주곡
제1번 D장조를 듣고 있었다.
이제 귀가 열린다.
눈이 별을 볼 수 있게 됐다.

소나무와 아버지

소나무는 사람의 성품을
사람만큼 가지고 있다
아버지는 소나무를
친구 중의 친구로
사귀고 계셨다

혼자 외로우실 때
소나무 숲을 찾아가신다
작은 초막을 세우고
그곳에서 열흘이고 보름
소나무와 같이
생활하다 오신다

가족에겐 못할 말이 있어도
소나무 친구에겐
못할 말이 없다
옛사람들이 살던 집은
소나무와 흙으로만 지었는데
그 두 가지가
사는 이의 성품을 닮았기 때문이다

친구 사이에도
금이 가는 일이 있지만
소나무와의 우정에는
진실이 있을 뿐이다.

모국어와 한글

모국어는
영원한 우리들의 고향이다
그리고 한글은 그 고향의 집이다

하늘의 뜻을 받아
우리의 고향에 집을 지으신 분께
나는 영원히 감사를 드린다

삶의 이치와
영혼의 말을 꽃처럼 피워내는
태양 같은 글이 바로 한글이다

생활의 도구로서의 말과 글이 아니다
삶이 강이 되고 다시 바다가 되고
또 산맥이 된다
모국어다. 우리의 한글이다

나는 한평생 모국어로 살았고
겨레의 음성과 역사의 흐름도
이 고향에서, 정든 집에서 찾았노라

우리는 36년간
고향과 고향의 집을 지키기 위해
하늘의 칼을 들고
목숨을 걸다 구름이 되고 만 우리의 의인들은
또 하나의 고향의 집으로 생각해야 한다

우리의 모국어는
생명이오 영혼이고 고향이다
그리고 한글은 고향의 집이오
강이오 숲이오 구름이오 꽃이다

지금 그는 어찌 되었을까
43년 동경 신주쿠
작은 우리의 책방에서
최현배 님의 『우리말본』을 안고
감격의 눈물을 흘리던 그를

성도 이름도 고향도 모르면서
그의 모습은 지금도 잊을 수가 없는
그는 지금 어디에서 살고 있을까

알고 싶구나

아버지와 어머님이 내에 가르쳐 주던
모국어와 한글
그 말 속엔 어머님의 음성과
한글 안은 아버지의 음성이
지금도 숨 쉬고 있다

모국어는 영원한 우리의 고향이오
한글은 그 고향의 자랑스러운
사랑의 집이다.

회초리

회초리를 드시고
'종아리를 걷어라'
맞는 아이보다
먼저 우시던
어머니.

바느질하는 손

자정이 넘은 시간에도 아내는
바느질을 하고 있다
장난과 트집으로 때 묻은 어린놈이
아내의 무릎 옆에서
잠자고 있다

손마디 굵은 아내의 손은 얼음처럼 차다
한평생 살면서 위로를 모르는 내가
오늘따라 면경을 본다

겹실을 꿴 긴 바늘이
아내의 손끝에선 사랑이 되고
때꾸러기의 뚫어진 바지 구멍을
아내는 그 사랑으로 메우고 있다

아내의 사랑으로 어린놈은 크고
어린놈이 자라면 아내는 늙는다

내일도 날인데 그만 자지
아내는 대답 대신 쓸쓸히 웃는다

밤이 깊어갈수록 촉광이 밝고
촉광이 밝을수록
아내의 눈가에 잔주름이 더 많아진다.

행복을 파는 가게

사랑받기를 원하는가
사람아
받고 싶은 사랑보다
한 3배쯤 남을 사랑하리라
사람아

세상에는
행복을 파는 가게가 없다네
또 하나의 하늘을 창조하고
꿈의 성문을 열면
열대의 님프가 피워 올리는
이름 없는 꽃 한 송이

보이는 것은 모두 순간적인데
그러나 보이지 않는 것은 영원한 강물
신앙의 배를 띄우고
나 한 마리 백조

등을 밝히고
잃어버린 구슬 한 방울
그 속에 눈뜨는
창자에 그린 새 한 마리.

聖火여 永遠하라

사랑과
평화를 위한
또 하나의 태양이여
영원하라.

우리들의 하늘 같은 가슴
그 가슴 바다에서
꺼지지 않는 축제의 불길로 영원하라.

먼 거리의 동쪽과
또 그만한 거리의 서쪽
그 넓은 바다를 건너고
이념과 사상의 성벽을 넘어
여기는 세계로 하나로 된 서울
백억의 별들이 바라보는
인류의 길고 길었던 꿈이
장엄한 현실로 이룩되는
아! 20세기의 큰 축제
지금 세계의 서울엔
너와 내가 따로 없이

모두 하나.

지구촌의 가족들이 갈고 닦은
화합으로 가는 기량을 모아
다만 밝아오는 내일 앞에
우리들이 세워야 할
찬란한 평화의 탑
기원하고 있다.

천사의 마음으로
미움, 시기, 질투, 대립도
저 타오르는 성화의 불꽃으로
태워버리고

사랑과 화합으로 하나 되어
갈라진 국토도 하나 없게
세계 속의 서울 올림픽을 밝히는
성화여 영원하라.

우리들의 가슴속에 꺼지지 않는 불이여.

다시 바다에

찾아갔었지
잊어버린 대화의 꽃바구니를 찾아서
동해 강릉 정동진
기차는 떠나고
싸늘한 모래밭
파도가 울고
몇 사람의 가을 나그네가
구름과 낙엽의 이야기를
허공에 뿌리고 있다
모든 물새들은 현악기를 연주하고
나는 바닷가를 거닐며
추억의 꽃바구니를 찾고 있다.

5

남태평양에 떠 있는 유언

1964년 3월
제2의 지남호가
남태평양에서 침몰되다.

남태평양
눈물 같은 바다에
친구들이 남겨놓은
모국어는
거기, 영원히 꽃봉오리로 떠 있을 것이다.

고향을 떠나던 날 아침에
어린놈들은 약속한 선물의 이름을 생각하며 손을 흔들고
바다는 새벽까치처럼 꼬리를 쳤다.
한갓 기원으로 부푼 지문 사인 가슴에 달아준 꽃잎이
아직 채 마르지도 않았는데……

제비도 못 가는 남태평양
심청이보다도 설운 사람이 간 바다엔
인어의 전설 대신 십자성만 외롭다.

구름은 심정의 마지막 전령
느닷없이 전해진 그 비보는
이 딸의 인정을 열 살쯤 난 소년의
주검 앞에 앉은 어머니의 눈으로 만들었다.

낯선 바닷가에 떠도는
남태평양의 조개껍질, 소라껍질들,
장난감 대신 때 묻은 손가락을 빠는
눈 큰 아이들의 이름이 코가 시리도록 떠오른다.

고향은 파초 잎에도
그림자로 피고,
정든 사람은 꿈속에서 산다.
이것은 못다 쓴 일기.

대륙 동쪽 한반도
언제부터인가 나비의 눈도 앙칼진 곳.
우리들이 한 번도 원한 일 없이
산들의 땅은 양단되고
그리하여 슬프고 가난한

나의 고향

구름이여, 떠가는 배여
지나가다 눈물도 잃은 사람들이 살고 있는 땅에 들리거든
그들의 귓가에다 이 말을 전해다오

남태평양 눈물 같은 바닷속에
모국어를 연꽃으로 피우고
여기 영원히 잠들어 있노라고,
잠들어 있다고……

한복

한복 한 벌 했다
내 평생 두루마기를
입어본 기억이 없었으니
이것이 처음인 것 같다

암산·상마·학촌·현촌·난곡·청암
모두 한복을 입는데
나만 한복이 없다고 했더니
병처가 큰맘 써 한 벌 했다

78년 정월 첫날 아침
해 옷을 입고 뜰에 서니
백운대와 도봉이 내려다보고 웃고 있다

어디든 가서
세배를 드리고 싶다

우이동 계곡으로
발을 옮긴다
아직도 우리들의 맥박 속에

살아 있는 선열들
일석 · 의암 · 해공 · 유석
무덤 앞에 섰다가
다시 걸음을 옮긴다

4·19 묘소
비문에 새겨진
꽃 같은 나이들을 읽어본다
구름이 날린다
구름에 새 옷깃이 날린다

이 나이에 비로소
한 겨레 안에 서는
그런 느낌이 든다.

말의 일생

말도 생명체다.

탄생하고
성장한다.

유년기와 소년기
청년기와 장년기

그리고 늙는다
병든다
시효가 끝난다.

어떤 무기도 된다
생활의 도구로 살아난다.

지혜의 도구로 사용되면
하늘나무엔 과실이 열리고
바다엔 평화의 꽃이 피고
천사들이 새가 되어 날고 있는
나라가 된다.

악한 마음을 담그면
악마의 무기가 된다.
악독의 화살이 난무한다.

높고 아름다운 말은
천사가 쓰고
독이 담긴 말은
악마가 쓴다.

'에바다' 하면
죽은 자가 살아난다.

말은 위대한 생명체다.

낡은 시집

50년
낡고 병든 시집이다.
옛 친구의 사진을 보듯
밤이 깊도록
읽고 있었다

새벽의 호숫가를(시의 호수)
돌고 있었다.
자지러지게 들려오는
에코의 음성

나르시스는
호수가 꽃잎에 숨으려 하나
불을 밝히고
꽃잎은 잠들어 있다

이제 나는
물속에 숨어야 한다.
고향이고
뿌리를 내려야 할

언덕이기 때문이다

별이 지고 있다
나는 호수 안으로
뛰어들었다
그래도 에코의 산울림은
들려오고 있다.

꽃의 말

사람아
입이 꽃처럼 고아라
그래야 말도
꽃같이 하리라
사람아.

물방울

가을비가 밤도 잊고 내렸다.

거미줄에 물방울이
아침 유리창보다
영롱했다.

초나라의 문왕이
화씨
옥박에서 찾은
주옥보다 곱다.

물방울 속에도 우주가 있다.
23세기의
공화국엔
침략과
전쟁이 없다.

제왕의 자리를
마련하지 않았다.

물방울
세계의 공화국에는……

시인

시인아
시를 쓰기 전에
먼저 시가 되라.

시는 그의 양심이다.
선이요 아름다움
절대의 길이다.

악한 마음과
추한 말은
사랑의 무덤

꽃가지와 풀잎을
밟지 말라.
시인의 행위가 아니다.

나라와 세계의 평화
그리고 인류의 행복을
기원하라

시인은
해야 할 내일을
신세계 2악장에
담는다

새 에덴은
어디에 있을까
시인이 쓰는
전원 교향곡
그 음악 안에 있으리라.

어느 지중해 파도로 열린 것이다.

그 사랑의 깊이는

우물의 깊이를 모른다.
두레박의 줄을 자로 재어
우물 속에 던져본다.

그 사람 마음의 깊이를 모른다.
하지만 우물이 깊이를 알 듯이
그렇게 알아낼 수는 없다.

너와 나의
사랑의 깊이는 누가 알까
우리들이 알고 있으리라.

두 마음 언덕에
꽃이 피어나거든
너는 나를
그리고 나는 너를
사랑한다고
기억하자.

겨울 바다
구름에 앉아
물새들이 건반악기를
연주하거든
남몰래 흘리는 눈물을
생각하라.

눈이 내린다.
하얀 바닷가에……

시가 무엇이냐고

한 친구가 내게 묻는다.
시가 무엇이냐고
그때 나는 아무 대답도 못하고
웃기만 했다.

그 후 세월이 흘러갔다.
또 한 친구가 묻는다.
시가 무엇이냐고
그때 나는
옛 시인이 한 말을
빌려 대답했다.

시는 다만 확인할 뿐 아니다
재건하는 것이라고

그 후 달과 해가 자리를 많이 옮겼다.
또 한 친구가 물었다.
시가 무엇이냐고

그때에도 나는 저 발레리의 말을
빌려다 대답했다.
"꼭 해야 할 한마디의 말이다"라고

그 후 많은 세월이 흘러갔다.
학생들이 묻는다
시가 무엇이냐고 물을 때
어떻게 대답해야 합니까?

나는 그들에게 이렇게 대답했다.
"시는 여러 가지의 직능을 가진다.
정신적으로 영혼의 거울이요,
표현적으로는
신과 대화할 때 사용하는 언어다" 하고
이 말을 줄이면
시는 영혼의 거울이요,
신계의 언어다.

지금 내게 누가 묻는다면
나는 같은 대답을 하리라
그러나 먼 훗날 누가 또 내게
시가 무엇이냐고 묻는다면
그때 내가 어떤 대답을 할지
지금으로서는 알 수가 없다.
좀 두고 생각할 일이다.

꽃과 천사

아주 아득했다.

꽃과 천사가
한마을에 살았다.

사랑이 구름 같은 꽃은
'사랑'이란 말을 하게 되었고

눈물이 많은 천사는
파도처럼 울다가
눈물이란 말을 못 찾고 말았다

그때부터
말하는 꽃은 천사가 되고
말을 못하는 천사는
꽃이 되었다.

황금찬 연 보

1918년 8월 강원도 속초 출생.

1947년 월간 ≪새사람≫과 1948년 ≪기독교가정≫에 시 발표 시작.

1951년 동인지 『청포도』 간행.

1953년 ≪문예≫에 시 추천.

1955년 서울 동성고등학교 교사.

1956년 시 추천 완료, 시집 『현장』 상재.

1965년 시문학상 수상.

1969년 시집 『오월의 나무』 간행.

1973년 시집 『오후의 한강』 상재.

1975년 시집 『산새』 간행.

1979년 장시 『한강』 간행.

1980년 대한민국문학상 수상.

1981년 시선집 『보릿고개』 출간.

1984년 4집 『언덕 위에 작은 집』 간행.

1987년 시집 『산다는 것은』
시집 『지구에 비극적 종말은 오지 않는다』 간행.

1988년 『황근찬 시선집』 간행.

1990년 시집 『보석의 노래』 간행.
서울시 문화상 수상.

2004년 시집 『조가비 속에서 자라는 나무들』 간행.
2005년 시집 『미수기념 시집, 황금찬 대표작선』 간행.
2006년 시집 『음악이 열리는 나무』 간행.
2007년 시집 『공상일기』 간행.
　　　　펜클럽 특별문학상 수상.
2008년 시집 『고향의 소나무』 간행.
　　　　사학특별상 수상.
2010년 시집 『고향으로 가는 흰 구름』 간행.
2011년 시집 『느티나무의 추억』 간행.

[산문집]

『행복과 불행 사이』『너의 창에 불이 꺼지고』『들국화』
『모란꽃 한 잎을 너에게』『창가에 꽃잎이 지고』
『나의 서투른 인생론』『나는 어느 호수의 어족인가』
『말의 일생』 등 24권, 시집 총 39권 간행.

[수상](위 수상 외)

월탄문학상 · 한국기독교문학상 · 대한민국문화예술상 수상.
대한민국문화보관훈장 수훈 등 다수.

[경력]

한국기독교문인협회 회장, 한국시인협회 심의위원장, 강남대 교수, 추계예술대 강사, 계간 ≪시마을≫ 발행인.

〖한국대표명시선100〗을 펴내며

　한국 현대시 100년의 금자탑은 장엄하다. 오랜 역사와 더불어 꽃피워온 얼·말·글의 새벽을 열었고 외세의 침략으로 역경과 수난 속에서도 모국어의 활화산은 더욱 불길을 뿜어 세계문학 속에 한국시의 참모습을 드러내게 되었다.
　이 나라는 글의 나라였고 이 겨레는 시의 겨레였다. 글로 사직을 지키고 시로 살림하며 노래로 산과 물을 감싸왔다. 오늘 높아져 가는 겨레의 위상과 자존의 바탕에도 모국어의 위대한 용암이 들끓고 있음이다.
　이제 우리는 이 땅의 시인들이 척박한 시대를 피땀으로 경작해온 풍성한 시의 수확을 먼 미래의 자손들에게까지 누리고 살 양식으로 공급하는 곳간을 여는 일에 나서야 할 때임을 깨닫고 서두르는 것이다.
　일찍이 만해는 「님의 침묵」으로 빼앗긴 나라를 되찾고 잃어가는 민족정신을 일으켜 세우는 밑거름으로 삼았으며 그 기룸의 뜻은 높은 뫼로 솟아오르고 너른 바다로 뻗어나가고 있다.
　만해가 시를 최초로 활자화한 것은 옥중시 「무궁화를 심고자」(≪개벽≫ 27호 1922. 9)였다. 만해사상실천선양회는 그 아흔 돌을 맞아 만해의 시정신을 기리는 일의 하나로 '한국대표명시선100'을 펴내게 된 것이다.
　이로써 시인들은 더욱 붓을 가다듬어 후세에 길이 남을 명편들을 낳는 일에 나서게 될 것이고, 이 겨레는 이 크나큰 모국어의 축복을 길이 가슴에 새겨나갈 것이다.

만해사상실천선양회

한국대표명시선100 | 황금찬

어머님의 아리랑

1판1쇄 인쇄 2013년 4월 22일
1판1쇄 발행 2013년 4월 30일

지 은 이 황 금 찬
뽑 은 이 만해사상실천선양회
펴 낸 이 이 창 섭
펴 낸 곳 시인생각
등 록 번 호 제2012-000007호(2012.7.6)
주   소 경기도 양평군 옥천면 고읍로 164
          ㉾476-832
전   화 (031)955-4961
팩   스 (031)955-4960
홈 페 이 지 http://www.dhmunhak.com
이 메 일 lkb4000@hanmail.net

값 6,000원

ⓒ 황금찬, 2013

ISBN 978-89-98047-35-1 03810

* 저자와의 협의에 의하여 인지를 생략합니다.
* 이 책의 저작권은 저자와 시인생각에 있습니다.
* 잘못된 책은 책을 구입하신 서점에서 교환하여 드립니다.

※ 이 책은 만해사상실천선양회의 지원으로 간행되었습니다.